Die Miniprofis 1

Deutsch für Kinder

Übungsblock mit Audios

Angelika Lundquist-Mog
Vasili Bachtsevanidis

Alles Digitale zu diesem Buch kann auf der Lernplattform **allango** von Ernst Klett Sprachen abgerufen werden. So geht's:

QR-Code scannen oder **www.allango.net** aufrufen

Zur Aktivierung zusätzlicher Komponenten geben Sie bitte folgenden Lizenzschlüssel ein:

EKS-680006-c09b-cf8a-5886

Weitere Informationen dazu finden Sie unter: **www.allango.net**

Ernst Klett Sprachen
Stuttgart

Autoren Angelika Lundquist-Mog, Tübingen; Vasili Bachtsevanidis, Köln
Beratung Bettina Ausborn, Madrid; Mayane Engel Julio, Porto Alegre; Leonor Gelpi, São Paulo; Bernd Nöcker, Santiago de Chile; Arzu Şentürk, Istanbul
Redaktion Renate Weber; Enikő Rabl
Herstellung Claudia Stumpfe
Layoutkonzeption und Satz Marion Köster, Stuttgart
Illustrationen Jani Spennhoff, Barcelona (Cover, Bildgeschichte und Figuren); Friederike Ablang, Berlin (Wortschatz und Spiele)
Umschlaggestaltung Sabine Kaufmann
Reproduktionen Meyle + Müller GmbH + Co. KG, Pforzheim

Informationen und zu diesem Titel passende Produkte finden Sie auf:
www.klett-sprachen.de/die-miniprofis

Bildquellen
Cover (oben) Getty Images (GooseFrol); **3.1** Shutterstock (AlinaPolina), New York; **3.2** 123RF.com (Maxim Popov), Nidderau; **3.3** Getty Images (Viktoriia Lange), München; **3.4** Getty Images (larryrains); **3.5** Getty Images (fendy hermawan); **3.6, 3.7, 3.8, 3.10, 27** Getty Images (Marharyta Sarokina); **3.9** 123RF.com (sudowoodo); **3.11** Getty Images (Turn around around); **7** Klett-Archiv (Stephan Klonk), Stuttgart; **13** Shutterstock (owatta); **77.** 123RF.com (Ivan Ryabokon); **77.1** 123RF.com (Armine Mnatsakanyan); **77.2** 123RF.com (romanika); **77.3** 123RF.com (Diana Johanna Velasquez); **77.4** 123RF.com (chrupka); **77.5** 123RF.com (Malgorzata Slusarczyk); **77.6** 123RF.com (microone); **77.7** 123RF.com (Sabuhi Novruzov); **82.1** Klett-Archiv (Stephan Klonk); **82.2** Klett-Archiv (Stephan Klonk)

1. Auflage 1 3 2 1 | 2026 2025 2024

Druck und Bindung Gebr. Geiselberger GmbH, Altötting

ISBN 978-3-12-680006-8

9 783126 800068

MIX
Papier | Fördert gute Waldnutzung
FSC® C105048

So lernen die Miniprofis mit dem Übungsblock

Im Übungsblock lösen die Kinder – vor oder nach den Aufgaben im Kursbuch – spielerische Übungen. Sie können etwas ausmalen, gestalten, für Spiele ausschneiden oder die Seiten heraustrennen.

Die Audiotracks sind online zu finden und sind den Buchseiten zugeordnet. Das ist die Tracknummer: 01

Es gibt Bildkarten zur Geschichte und Wortschatzkarten. Beide sind auf der Rückseite farblich und mit einem Symbol gekennzeichnet. So wissen die Kinder, zu welcher Lektion sie gehören.

Die Bildkarten bringen die Kinder in die richtige Reihenfolge und kleben sie auf ein leeres Blatt. Danach können sie die Bildgeschichten in ihrem „Ich-Buch“ abheften.

Mit den Wortschatzkarten spielen die Kinder verschiedene Spiele. Auf der Spielwiese hören sie die Wörter und legen die Karten in ihre Schatzkiste. Bis dahin werden die Karten auf der letzten Seite des Übungsblocks in einem Umschlag aufbewahrt.

Die Ich-Buch-Seiten bilden den Abschluss einer Einheit. Sie werden herausgetrennt, gelocht und in einem Ordner abgeheftet. In ihrem persönlichen „Ich-Buch“ sehen die Kinder, was sie alles gelernt haben.

Auf der digitalen Kinderseite kann man noch mehr üben, malen, basteln, singen und spielen.

Symbole im Übungsblock

- hören
- zeigen
- sprechen
- schneiden
- kleben
- malen
- verbinden
- ankreuzen
- spielen
- schreiben
- lesen

Inhalt

1 ✂ Schneide die Bilder aus.

Leg die Bilder in die richtige Reihenfolge und kleb sie auf.

2 01 **Wer spricht? Hör zu und mal aus.**

3 **Schneide Nele, Jonas und Mimi für das Spiel aus.**

4 **Mach ein Stickbild. Du brauchst eine Nadel, Wolle und dickeres Papier.**

Zeig mal!

1 02 **Schneide die Bilder aus. Hör zu und zeig das richtige Bild.**

Leg die Bilder in die richtige Reihenfolge und kleb sie auf.

2 Schneide die Karten aus. Spielt zu zweit das Memospiel.

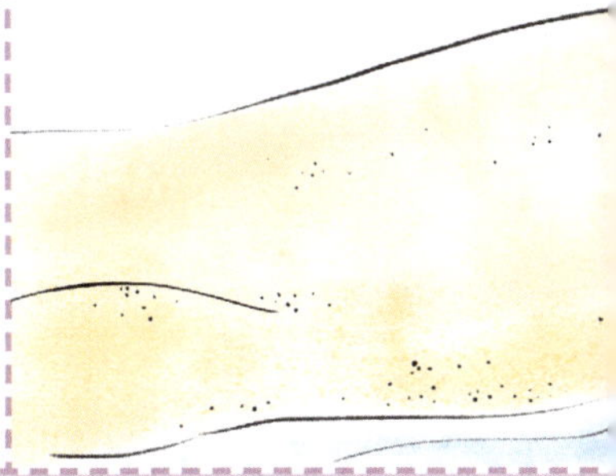

3 Mal die Bilder fertig. Schneide sie aus.

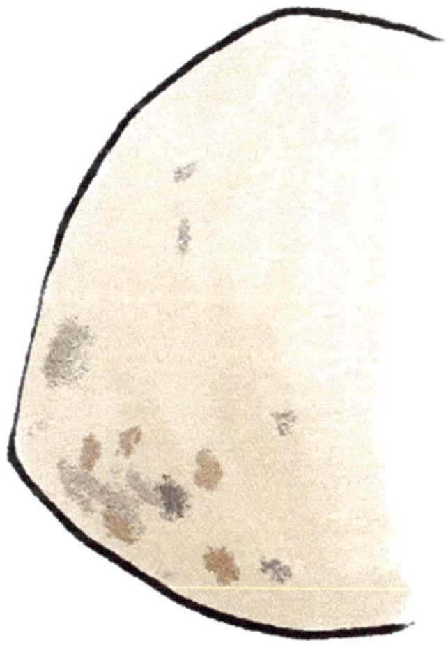

Mein Ich-Buch

Mal den Bilderrahmen aus.

Kleb ein Foto von dir auf. Schreib deinen Namen.

Ich heiße ....

Guten Tag, Herr Hut!

3

1 03 **Schneide die Bilder aus. Hör zu und zeig das richtige Bild.**

Leg die Bilder in die richtige Reihenfolge und kleb sie auf.

2 Was findet Nele? Was findet Jonas? Verbinde.

3 Schneide die Karten für das Memospiel aus.

4 04 **Hör zu. Mal Sonne und Mond aus und sprich.**

Wer bist du?

1 05 **Schneide die Bilder aus. Hör zu und zeig das richtige Bild.**

Leg die Bilder in die richtige Reihenfolge und kleb sie auf.

2 Schneide die Karten aus. Sortiere: Mädchen, Junge, Frau, Mann, Puppe.
Vergleicht dann zu zweit.

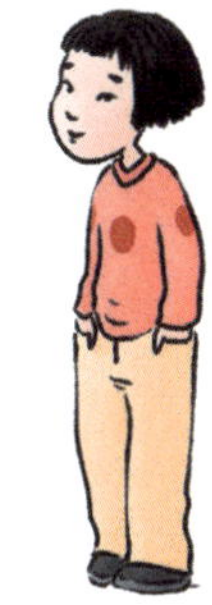

Mein Ich-Buch

Das ist meine Deutschlehrerin / mein Deutschlehrer.

Frau …

Herr …

Wer ist das? Mal ein Bild.

Das ist Jonas.
Das ist Pi.
Und das ist Herr Hut.

Das ist …
und das ist …

Mein Apfel ist rot

1 06 Schneide die Bilder aus. Hör zu und zeig das richtige Bild.

Leg die Bilder in die richtige Reihenfolge und kleb sie auf.

2 07 **Hör zu und mal aus.**

Schneide die Karten aus.

3 Schneide die Karten für das Quartettspiel aus.

4 08 **Hör zu und verbinde.**

5 Mal das Bild in deinen Lieblingsfarben aus.

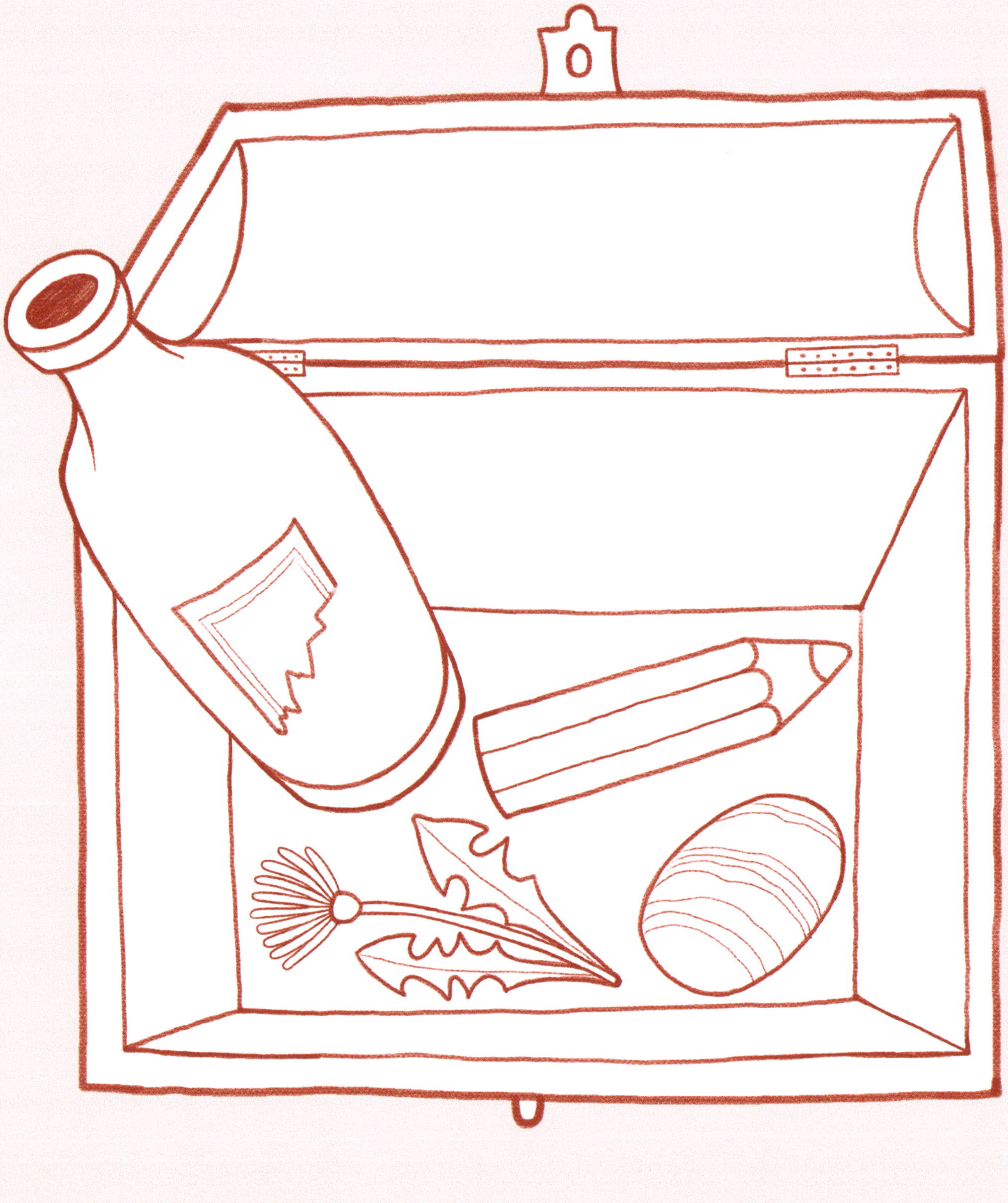

Magst du Käse?

1 09 **Schneide die Bilder aus. Hör zu und zeig das richtige Bild.**

Leg die Bilder in die richtige Reihenfolge und kleb sie auf.

2 Verbinde und sprich die Silben.

3 Schneide die Karten für das Memospiel aus.

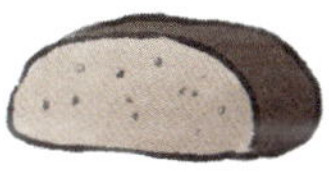

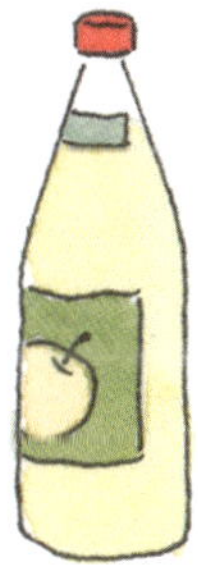
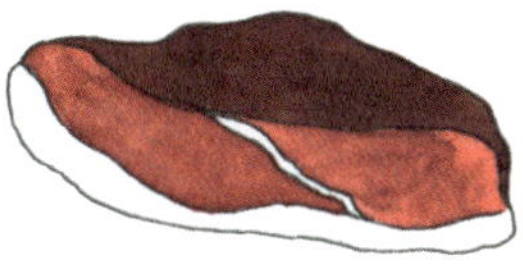

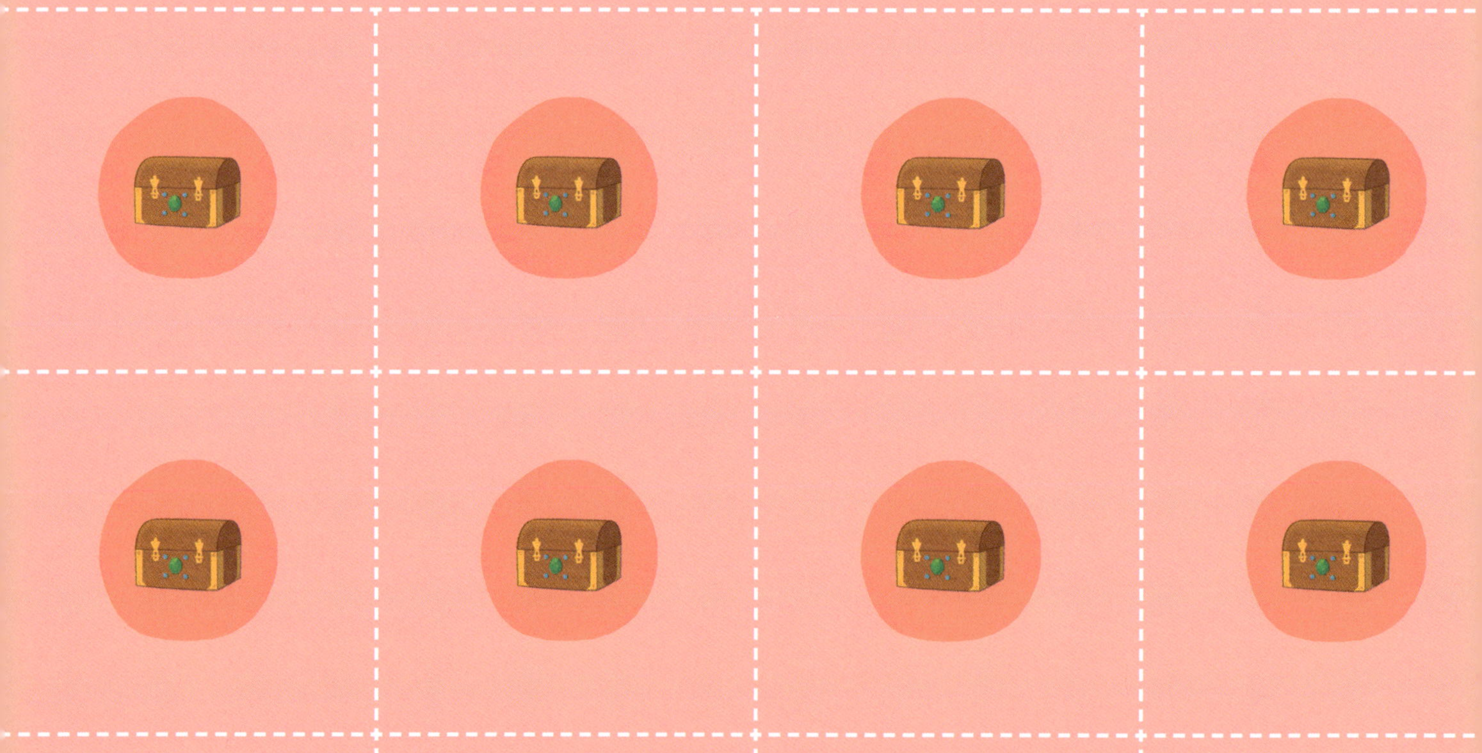

4 **Was ist richtig? Verbinde und mal die Lösung aus.**

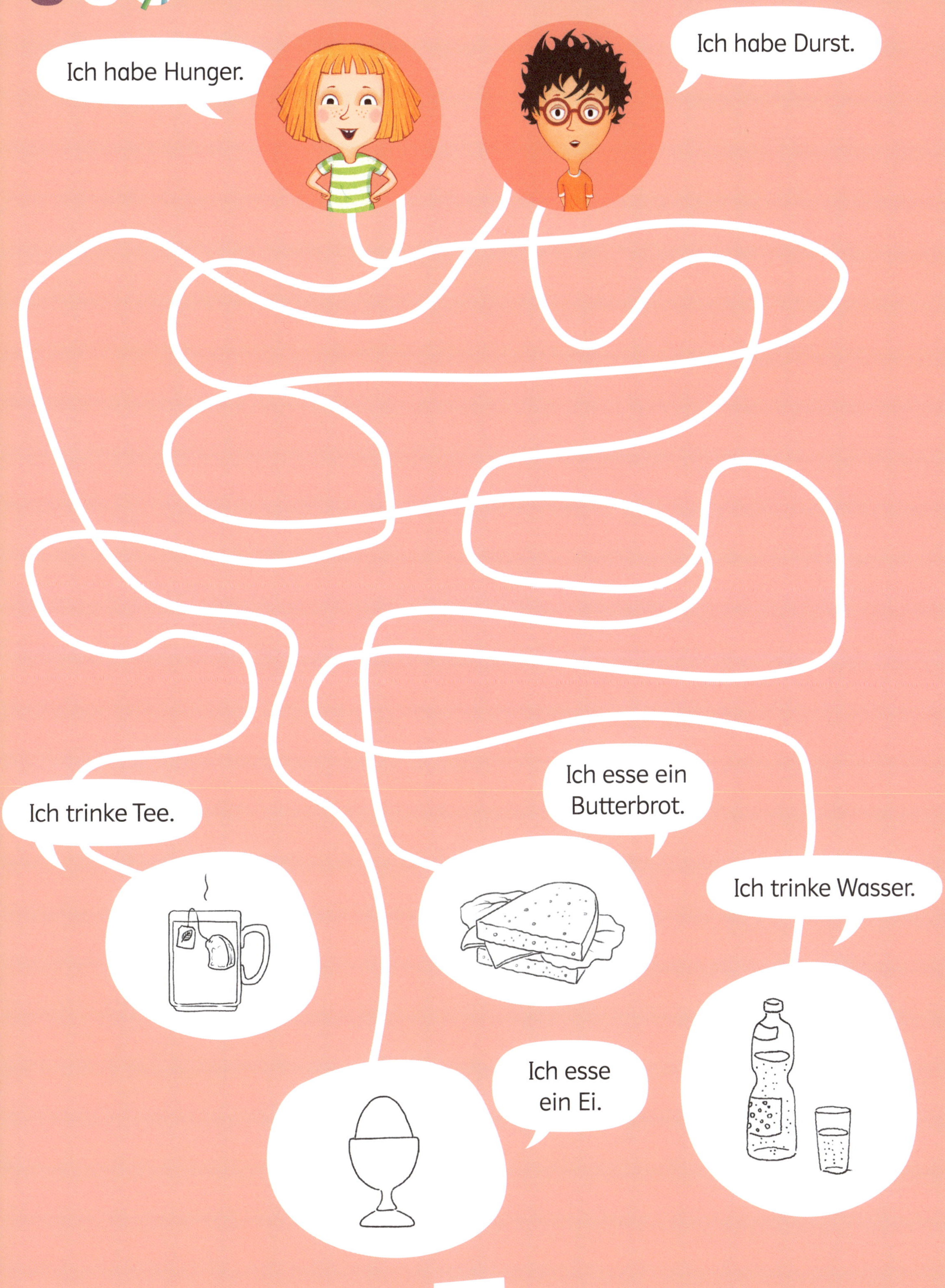

5 10 **Was mag Pi? Hör zu und kreuz an.**

Mein Ich-Buch

Was sind deine Lieblingsfarben?

Was magst du? Verbinde.

Das mag ich. Das mag ich nicht.

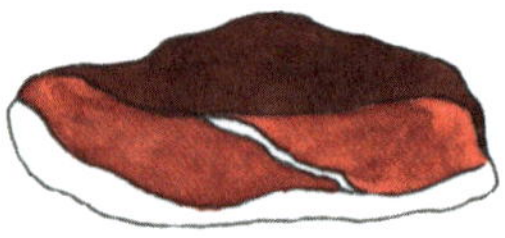

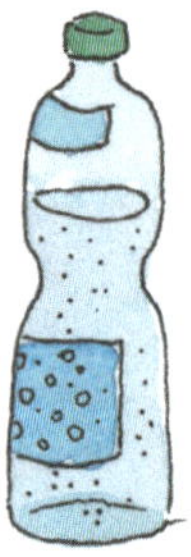

Was spielen wir?

7

1 11 **Schneide die Bilder aus. Hör zu und zeig das richtige Bild.**

Leg die Bilder in die richtige Reihenfolge und kleb sie auf.

2 Schneide die Karten aus. Spielt zu zweit das Memospiel.

3 12 **Was spielen Nele und Jonas gern? Hör zu und verbinde.**

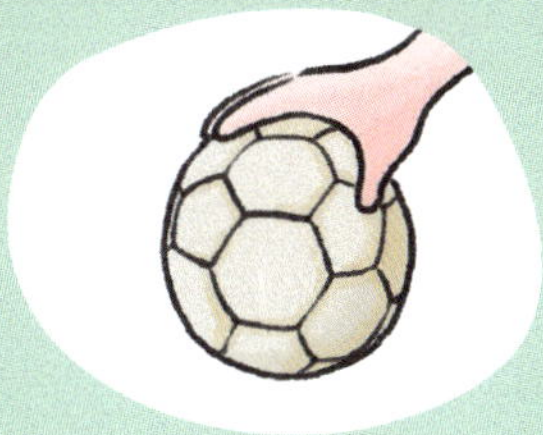

4 13 **Spielst du gern ...? Hör zu und kreuz an: ja oder nein?**

+ ja – nein

+ ja – nein

+ ja – nein

+ ja – nein

+ ja – nein

+ ja – nein

Wo bist du?

1 14 **Schneide die Bilder aus. Hör zu und zeig das richtige Bild.**

Leg die Bilder in die richtige Reihenfolge und kleb sie auf.

2 15 **Setz eine Spielfigur auf Start. Hör zu und spiel.**

links rechts oben unten

3 16 **Hör die Zahlen und mal die Kleckse in der richtigen Farbe aus. Mal dann das ganze Bild aus.**

4 Schreib die Zahlen. Schneide die Zahlen aus und sprich.

5 Pi und die Bonbons: Welche Zahlen fehlen? Schreib die Zahlen und sprich.

6 17 Wer hat wie viele? Hör zu und verbinde.

7 **Gruppe A oder B? Schneide deine Bilder aus.**

A

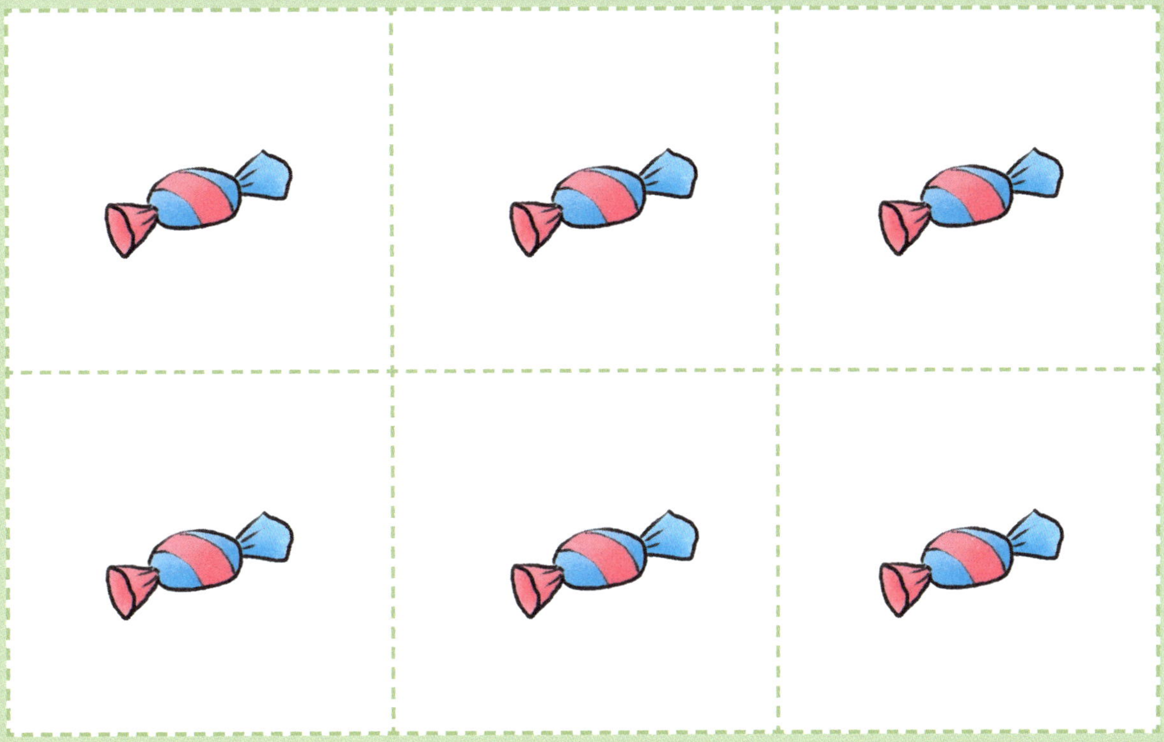

B

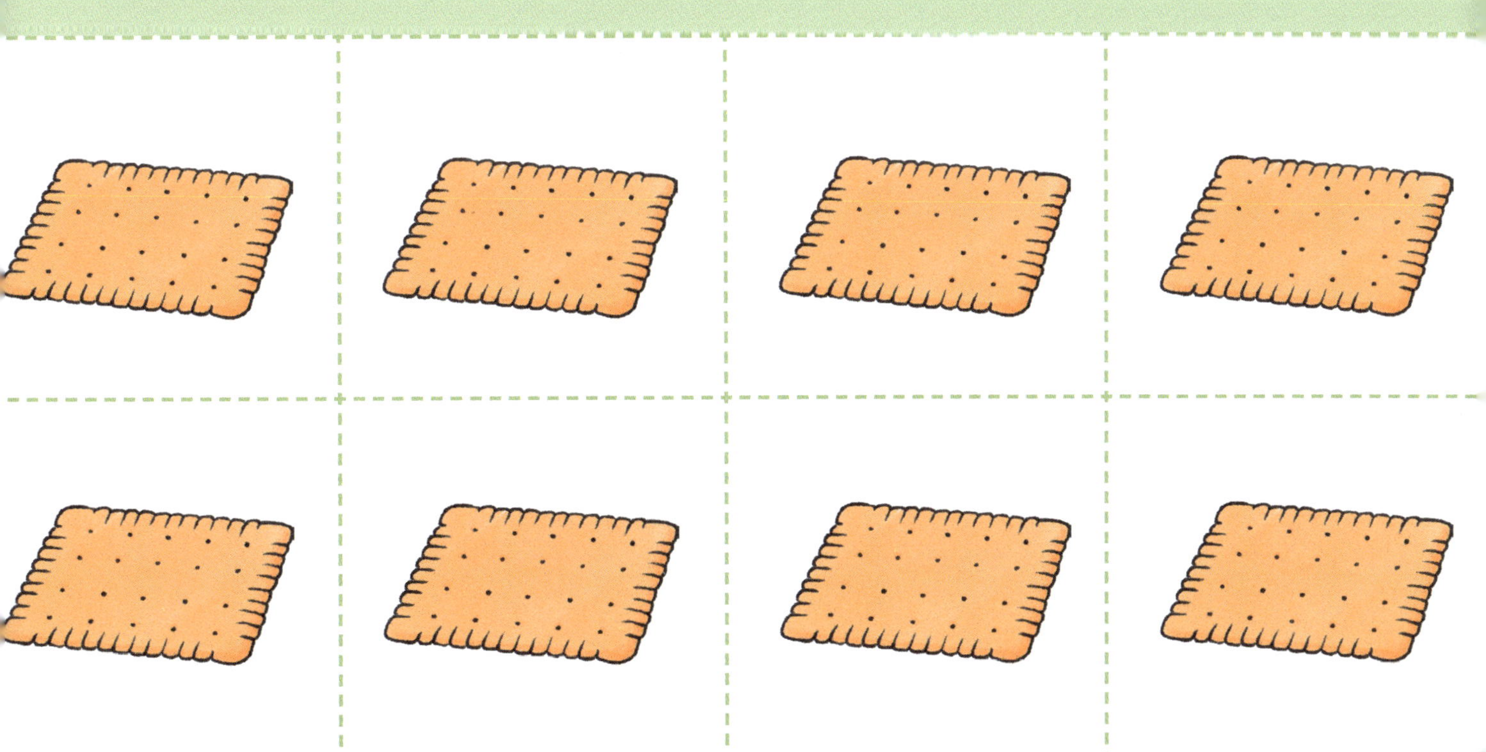

Mein Ich-Buch

Das spiele ich gern.

Das spiele ich gern mit anderen Kindern.

Mal deine Lieblingszahl in deiner Lieblingsfarbe aus. Wie heißt die Zahl?

1 2 3 4 5 6 7 8 9 10

Das teile ich gern.

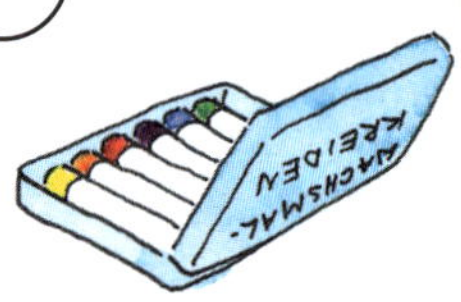

Schule ist toll

1 18 **Schneide die Bilder aus. Hör zu und zeig das richtige Bild.**

Leg die Bilder in die richtige Reihenfolge und kleb sie auf.

2 Schneide die Karten für das Pantomimespiel aus.

3 **Wo steht Pi? Lies und mal blau aus.**

Jo Pi Ne

Pi Jo Jo

Ne Ne

Pi

Jo Jo

Pi Ne Pi

Wie viele sind es? Zähl Pi und kreuz an.

Pi: ◯ 3 ◯ 4 ◯ 5

4 19 **Was machen die Kinder und Pi gern? Hör zu und verbinde.**

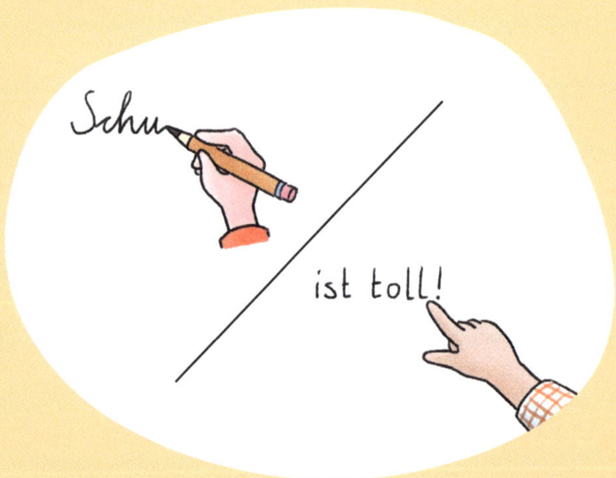

Die Schultüte ist fertig

1 20 **Schneide die Bilder aus. Hör zu und zeig das richtige Bild.**

Leg die Bilder in die richtige Reihenfolge und kleb sie auf.

2 **Schneide die Karten aus. Spielt zu zweit mit einem Kartenset *Schwarze Katze.***

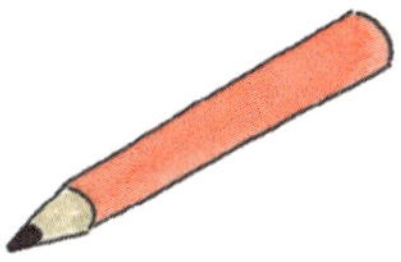
Bleistift

Bleistift

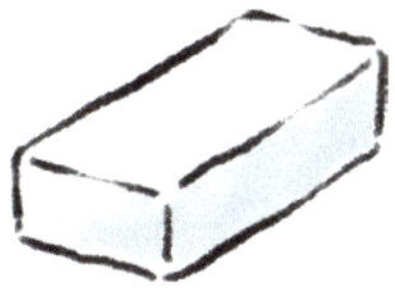
Radiergummi

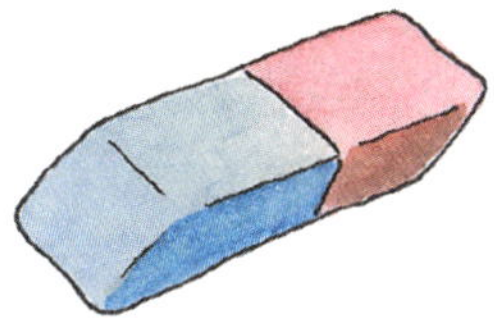
Radiergummi

Kleber

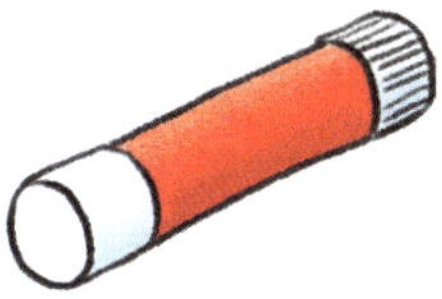
Kleber

Buch

Buch

Schere

Schere

Lineal

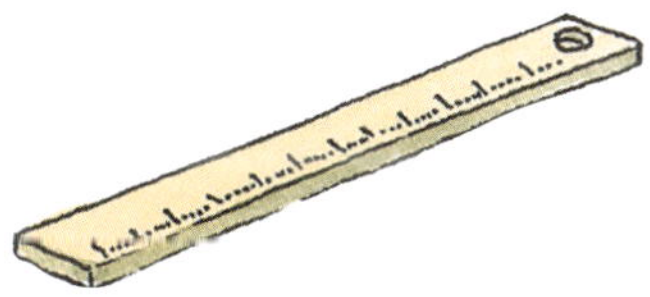
Lineal

Spitzer

Spitzer

Heft

Heft

3 Spielt das Silbenspiel. Zieh eine Karte und lauf die Silben.

4 21 **Hör zu und mal die Schulsachen aus.**

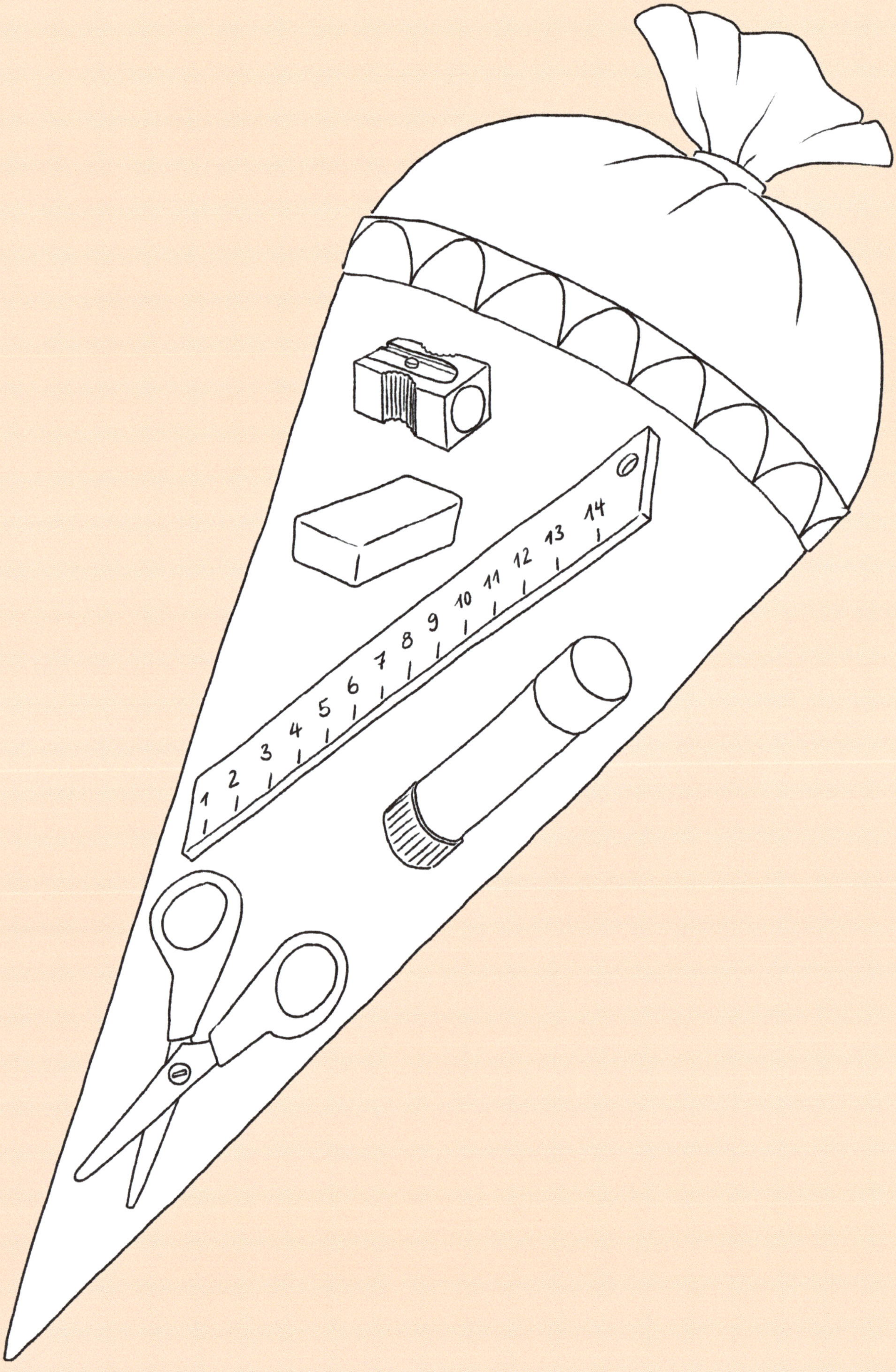

Mein Ich-Buch

Schule ist toll! Das mache ich gern.

Ich … gern.

a Was ist in deinem Schulranzen? Schreib deinen Namen und mal.

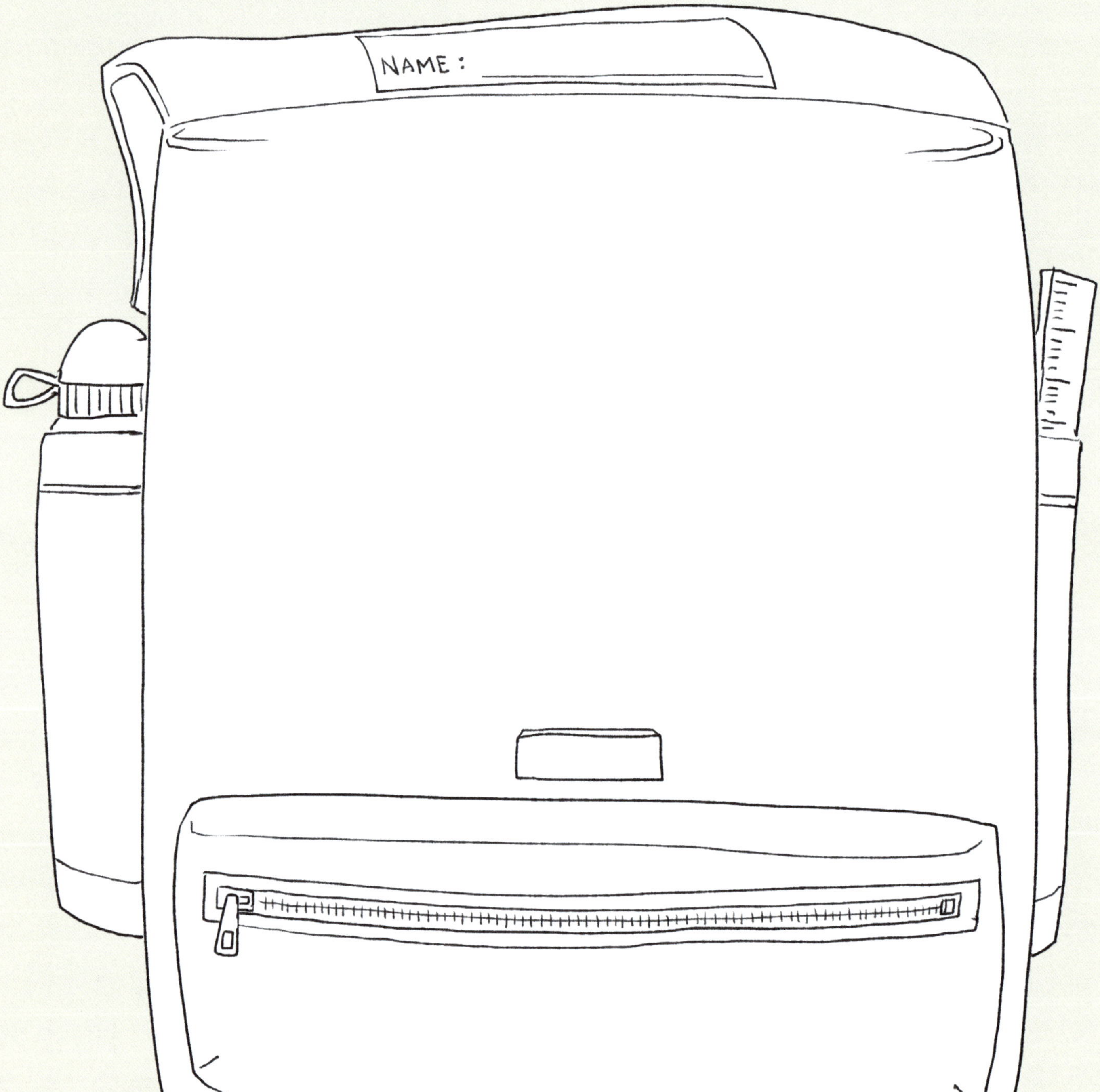

Komm her, Mimi!

1 22 **Schneide die Bilder aus. Hör zu und zeig das richtige Bild.**

Leg die Bilder in die richtige Reihenfolge und kleb sie auf.

2 Schneide die Bilder aus. Spielt zu zweit das Memospiel. Sprecht und macht Tiergeräusche.

Hund

Katze

Papagei

Schwan

Schaf

Biene

Fisch

Ente

3 Wie heißen die Tiere? Such die gleichen Anfangsbuchstaben und verbinde.

Karla

Hugo

Schami

Bienke

Fritz

Elke

Paco

das Schaf

der Fisch

die Ente

die Katze

der Papagei

der Hund

die Biene

4 23 **Setz eine Spielfigur auf Start. Hör zu und spiel. Spielt zu zweit weiter.**

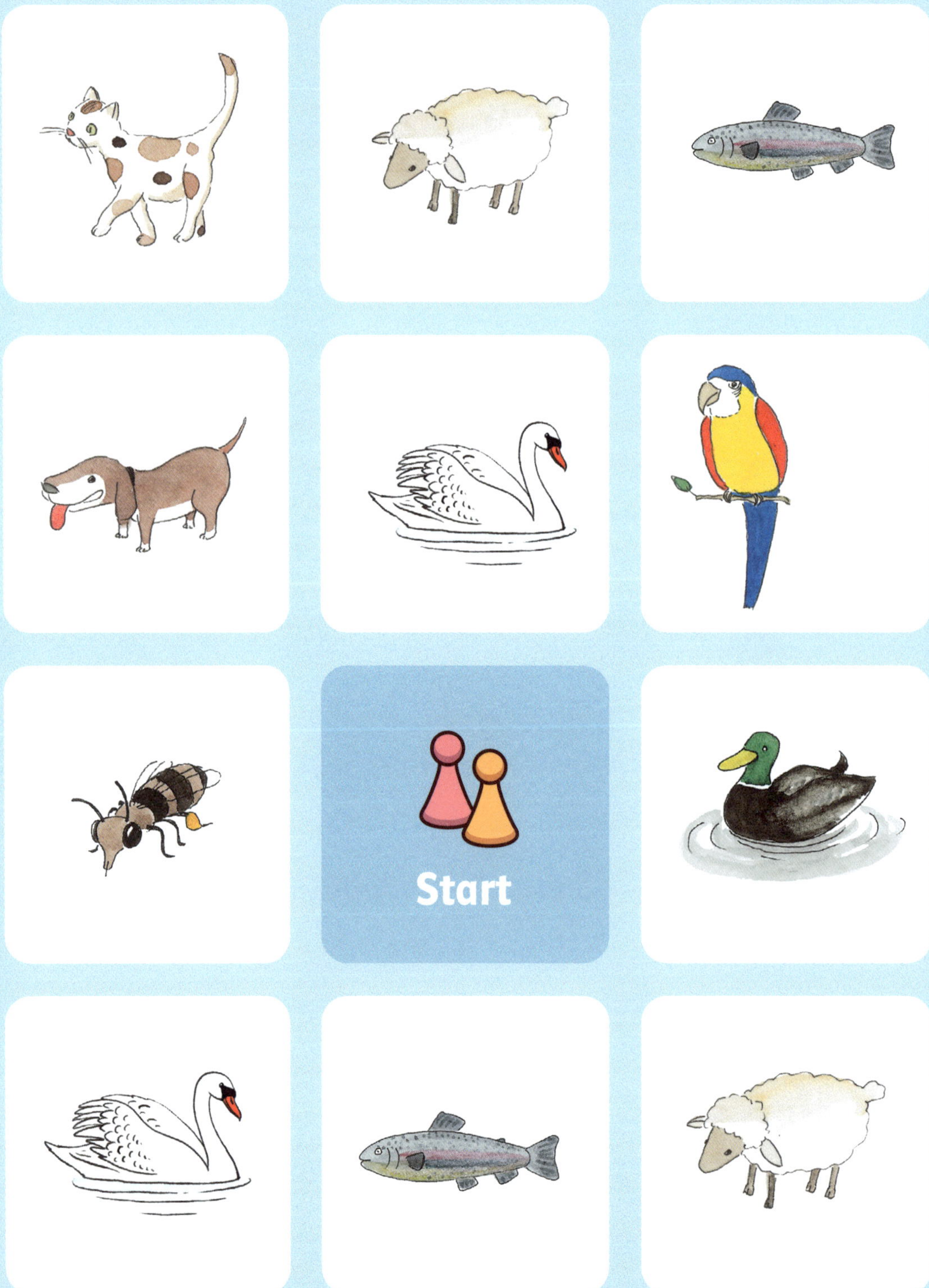

5 Mal deine Lieblingstiere in verschiedenen Farben aus.

Schneide die Tiere aus. Kleb sie oben, unten, rechts oder links auf das Bild.

Bis bald!

1 24 **Schneide die Bilder aus. Hör zu und zeig das richtige Bild.**

Leg die Bilder in die richtige Reihenfolge und kleb sie auf.

2 25 Jonas' Familie: Welches Bild passt? Hör zu und kreuz an.

3 Was passt zusammen? Schneide aus und leg die Karten.

Dreh die Karten um und lies.

4 Mal deine Hand. Erfinde eine Familie. Stell sie vor.

Das ist die Mama …

ma	pa	Pa	O
pa	Ma	ma	O

5 Wer ist wie? Verbinde.

6 26 **Neles Familie: Hör zu und verbinde.**

7 **Bastle eine Fingerpuppe.**

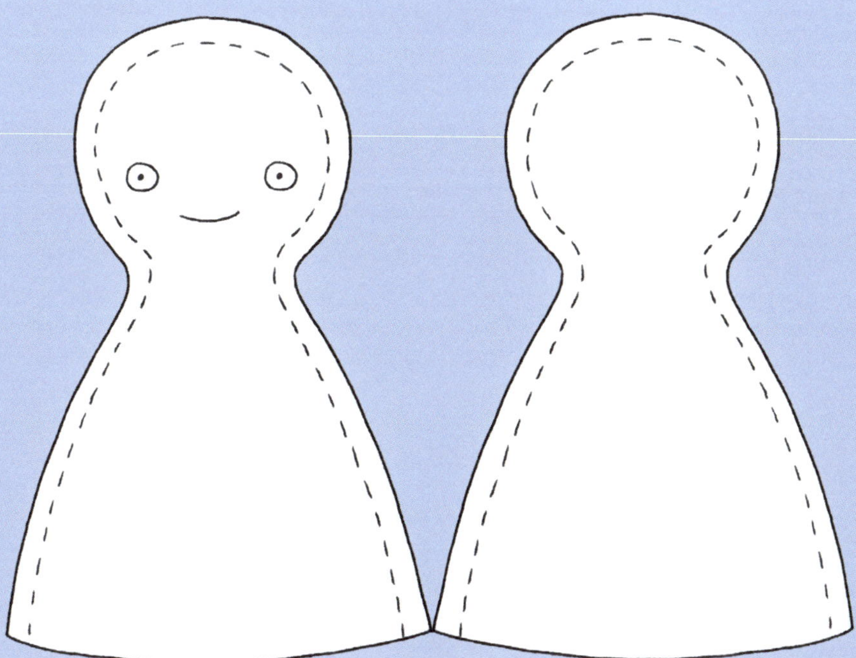

Mein Ich-Buch

Die Tiere mag ich.

Das ist mein Lieblingstier.

Das Tier heißt …

Das ist meine Familie.

Das ist …

Wie bist du?

○ 

groß

○ 

lustig

○ 

lieb

○ 

klein

○ 

stark

Ich bin … und …